阅读中国·外教社中文分级系列

总主编　程爱民

千里送鹅毛

Swan Feathers Sent from
Thousands of Miles Away

三级主编　胡晓慧

编　者　过文英

三级

1

上海外语教育出版社
外教社　SHANGHAI FOREIGN LANGUAGE EDUCATION PRESS

主编的话

　　每个学习外语的人在学习初期都会觉得外语很难，除了教材，其他书基本上看不懂。很多年前，我有个学生，他大学一年级时在外语学院图书室帮忙整理图书，偶然看到一本《莎士比亚故事集》，翻了几页，发现自己看得懂，一下子就看入了迷。后来，他一有空就去图书室看那本书，很快看完了，发现自己的英语进步不少。其实，那本《莎士比亚故事集》就是一本牛津英语分级读物。这个故事告诉我们，适合外语学习者水平的书籍对外语学习有多么重要。

　　英语分级阅读进入中国已有几十年了，但国际中文分级教学以及分级读物编写实践才刚刚起步，中文分级读物不仅在数量上严重不足，编写质量上也存在许多问题。因此，在《国际中文教育中文水平等级标准》出台之后，我们就想着要编写一套适合全球中文学习者的国际中文分级读物，于是便有了这套《阅读中国·外教社中文分级系列读物》。

　　本套读物遵循母语为非中文者的中文习得基本规律，参考英语作为外语教学分级读物的编写理念和方法，设置鲜明的中国主题，采用适合外国读者阅读心理和阅读习惯的叙事话语方式，对标《国际中文教育中文水平等级标准》，是国内外第一套开放型、内容与语言兼顾、纸质和数字资源深度融合的国际中文教育分级系列读物。本套读物第一辑共 36 册，其中，一——六级每级各 5 册，七—九级共 6 册。

　　读万卷书，行万里路，这是两种认识世界的方法。现在，中国人去看世界，外国人来看中国，已成为一种全球景观。中国历史源远流长，中国文化丰富多彩，中国式现代化不断推进和拓展，确实值得来看看。如果你在学中文，对中国文化感兴趣，推荐你看看这套《阅读中国·外教社中文分级系列读物》。它不仅能帮助你更好地学习中文，也有助于你了解一个立体、真实、鲜活的中国。

程爱民

2023 年 5 月

目录

I

1 鱼快乐吗？

庄子(Zhuāngzǐ)是中国古代著名的哲学家，他和惠施(Huì Shī)是很好的朋友，他们经常在一起讨论问题。一天，他们在外面散步，经过一条河，河上有一座桥。庄子和惠施站在桥上，看着河里的鱼自由自在地游来游去，庄子就对惠施说："你看，鱼在水里游来游去，看起来多么快乐啊！"

惠施说："你不是鱼，你怎么知道鱼很快乐呢？"庄子回答说："你又不是我，你怎么知道我不知道鱼的快乐呢？"惠施说："我不是你，所以不知道你的感觉；可是你也不是鱼啊，你怎么知道鱼快乐不快乐呢？"

庄子说："好，那我来解释一下吧。刚才你问我怎么知道鱼的快乐，所以你已经知道我知道鱼很快乐。我为什么会知道呢？那是因为我看见鱼在水里游来游去，自由自在，所以觉得鱼是很快乐的。"

《庄子·秋水》记录了这个故事，故事中说"子非鱼，安知鱼之乐"，意思是"你不是鱼，怎么知道鱼是快乐的呢"。后来，人们常常用这句话来说明不要总是用自己的眼光去看别人。

注释

子非鱼，安知鱼之乐 Zǐ fēi yú, ān zhī yú zhī lè
How could you, not being a fish yourself, know the happiness of a fish?

本级词

古代 gǔdài | ancient

外面 wàimiàn | outside

散步 sànbù | to take a walk

桥 qiáo | bridge

游 yóu | to swim

看起来 kàn qǐlái | it seems

记录 jìlù | to record

总是 zǒngshì | always

超纲词

著名 zhùmíng | famous

哲学家 zhéxuéjiā | philosopher

自由自在 zìyóu-zìzài | freely

解释 jiěshì | to explain

眼光 yǎnguāng | perspective

练 习

一、根据文章判断正误。

Tell right or wrong according to the article.

（　　　）1. 庄子是中国古代的哲学家。

（　　　）2. 庄子和惠施经常一起讨论问题。

（　　　）3. 庄子觉得鱼很快乐。

（　　　）4. 惠施觉得鱼不快乐。

（　　　）5.《庄子·秋水》记录了这个故事。

二、选词填空。

Fill in the blanks with the words given below.

A. 看起来　　　　B. 总是　　　　C. 古代　　　　D. 记录　　　　E. 散步

1. 庄子是中国＿＿＿＿＿＿＿著名的哲学家。

2.《庄子·秋水》＿＿＿＿＿＿＿了"子非鱼，安知鱼之乐"这句话。

3. 一天，他们在外面＿＿＿＿＿＿＿，经过一条河，河上有一座桥。

4. 这句话说明不要＿＿＿＿＿＿＿用自己的眼光去看别人。

5. 鱼在水里游来游去，＿＿＿＿＿＿＿多么快乐啊！

4

三、根据文章回答问题。

Answer the questions below according to the article.

1. 庄子和惠施讨论了什么问题？

_____

2. 庄子和惠施的观点分别是什么？

_____

3. 你觉得故事中的鱼快乐吗？

_____

4. "子非鱼，安知鱼之乐"这句话是什么意思？

_____

5. 你觉得什么时候可以说"子非鱼，安知鱼之乐"这句话？请举例说明。

_____

2 拔苗助长

古代有一个农夫，一直担心田里的禾苗长不高，每天都去田边看。可是一天，两天，三天……他觉得禾苗好像一点儿也没长高。农夫心里很着急，在田边走来走去，说："我一定要想个办法帮它们长高。"

有一天，农夫终于想到了一个办法，他连忙跑到田边，把禾苗一棵棵地往上拔，从早上一直忙到晚上，忙了整整一天，终于把田里的禾苗都拔高了。

回家以后，农夫高兴地对儿子说："告诉你一个好消息，今天我帮田里的禾苗长高了一些。我忙了一天了，真是累坏了！"

儿子听了后，感到非常奇怪，跑到田里一看，发现禾苗全都死了。

故事中的农夫心里只想让禾苗长得快一点儿，可是不知道禾苗的生长有自己的规律。他觉得自己很聪明，帮禾苗长高了，结果禾苗都死了。在我们身边，也有很多人都在做拔苗助长的事。比如，一些父母让自己的孩子在很小的时候就学习外语、艺术等各种知识。因为学习的内容太难了，孩子学得很累，慢慢对学习也失去了兴趣。父母这样的做法就是拔苗助长啊！

注释

拔苗助长　bámiáo-zhùzhǎng

Plucking up a seedling to help it grow. It refers to ruining something by pursuing rapid development and disregarding the natural course.

本级词

终于 zhōngyú | at last, finally

连忙 liánmáng | hastily, immediately

把 bǎ | (used to advance the object of a
   verb to the position before it)

整整 zhěngzhěng | wholly, fully

消息 xiāoxi | news

奇怪 qíguài | strange

死 sǐ | to die

生长 shēngzhǎng | growth

父母 fùmǔ | parents

艺术 yìshù | art

各种 gèzhǒng | all sorts of, various

内容 nèiróng | content

慢慢 mànmàn | slowly

失去 shīqù | to lose

超纲词

拔 bá | to pull out

担心 dānxīn | to worry

田 tián | field

禾苗 hémiáo | grain seedling

着急 zháojí | to feel anxious

规律 guīlù | rule, law

聪明 cōngmíng | clever

兴趣 xìngqù | interest

练 习

一、根据文章判断正误。

Tell right or wrong according to the article.

（　　）1. 故事里的禾苗长得很高。

（　　）2. 农夫想帮助禾苗长高。

（　　）3. 农夫的儿子发现禾苗都死了。

（　　）4. 故事中的农夫很聪明。

（　　）5. 文章认为小孩子学得越难越好。

二、选词填空。

Fill in the blanks with the words given below.

A. 各种　　　B. 终于　　　C. 整整　　　D. 奇怪　　　E. 内容

1. 因为学习的＿＿＿＿太难了，孩子学得很累。

2. 农夫忙了＿＿＿＿一天，把田里的禾苗都拔高了。

3. 有一天，农夫＿＿＿＿想到了一个办法。

4. 孩子们在很小的时候就学习＿＿＿＿知识。

5. 儿子听说禾苗长高了很多，感到非常＿＿＿＿。

三、根据文章回答问题。

Answer the questions below according to the article.

1. 农夫为什么着急？

_____

2. 农夫想到了什么办法？

_____

3. 禾苗为什么都死了？

_____

4. 你觉得农夫聪明吗？为什么？

_____

5. 什么时候可以说"拔苗助长"？请举例说明。

_____

3 井里的青蛙

　　有一口水井，井里住着一只青蛙。青蛙一直生活在井底，它觉得自己住的这口水井是世界上最大的。井水又清又甜，井底的泥土又软又舒服，坐在井底，就能看到井口上面的天空。青蛙对这个小天地满意极了，除了有时候跳到井口玩一会儿，它很少出去。

　　一天，井边飞来一只小鸟，小鸟看见了井底的青蛙，热情地说：

　　"青蛙，你在井里做什么？出来跟我玩啊！"

　　"外面有什么好玩的！我这里多舒服啊！"

　　"你知道吗？那边有一片大海，比你这井底大得多。我们一起去看看吧！"

　　"我在井里想跳就跳，想睡就睡，真是快乐极了！我可不想去大海！"

　　说完，青蛙游到了井底。

　　第二天，青蛙正在井口玩儿，忽然看见前面有一只大海龟正在散步。青蛙马上大声地对海龟说："朋友啊，我这井里又凉快又舒服，你快来跟我一起到井底游泳吧！"

　　看到青蛙这么热情，海龟就爬到了井口。可是，它的身体太大了，半天也下不去。海龟笑着对青蛙说："我从来没碰到过这种情况。我住在山那边的大海里，那里可大了，我可以到处游来游去！"

　　青蛙听到海龟这么说，又想起小鸟说的话，心里想："难道真的有比这井底还大的地方吗？"

　　青蛙没有见过大海，当然不知道大海比水井大多了。它整天坐在井底，只能看见井口上面的一片天空，就以为世界只有那么大。有些人懂得不多，却总是以为自己什么都懂，我们常常把这样的人叫做"井底之蛙"。

注释

井底之蛙 jǐngdǐzhīwā

A frog living at the bottom of a well. It often refers to a person with a very limited outlook.

本级词

世界 shìjiè | world

甜 tián | sweet

天空 tiānkōng | sky

除了 chúle | except

跳 tiào | to jump

前面 qiánmiàn | (in) front

游泳 yóuyǒng | to swim

从来（没）cónglái (méi) | never

情况 qíngkuàng | condition

难道 nándào | (used to reinforce a rhetorical question)

当然 dāngrán | certainly

整天 zhěngtiān | whole day

上面 shàngmiàn | upper place

只有 zhǐyǒu | only

超纲词

井 jǐng | well

青蛙 qīngwā | frog

底 dǐ | bottom

清 qīng | clear

泥土 nítǔ | soil

软 ruǎn | soft

海龟 hǎiguī | turtle

可 kě | very

却 què | but

练习

一、根据文章判断正误。

Tell right or wrong according to the article.

（　　　）1. 青蛙对井底这个小天地非常满意。

（　　　）2. 青蛙经常出去玩。

（　　　）3. 青蛙想和小鸟一起去大海玩。

（　　　）4. 海龟在井底游来游去，玩得很高兴。

（　　　）5. 青蛙不相信大海比井底大。

二、选词填空。

Fill in the blanks with the words given below.

A. 游泳　　　　B. 整天　　　　C. 除了　　　　D. 世界　　　　E. 难道

1. 青蛙觉得自己住的这口水井是_____上最大的。

2. 它_____坐在井底，只能看见井口上面的一片天空。

3. 青蛙心里想："_____真的有比这井底还大的地方吗？"

4. _____有时候跳到井口玩一会儿，青蛙很少出去。

5. 青蛙说："朋友啊，我这井里又凉快又舒服，你快来跟我一起到井底
_____吧！"

三、根据文章回答问题。

Answer the questions below according to the article.

1. 青蛙觉得这口水井怎么样？

_____

2. 青蛙为什么不想和小鸟一起去大海玩？

_____

3. 青蛙请海龟到井里做什么？

_____

4. 海龟住在哪里？那里怎么样？

_____

5. 什么样的人可以说是"井底之蛙"？请举例说明。

_____

4 精卫填海

炎帝(Yándì)有一个小女儿，名字叫女娃。有一天，女娃划着小船，到东海去玩。突然，海上刮起了风，小船沉到了海里。女娃死了，永远回不来了。

女娃死了以后，变成了一只小鸟，名叫精卫(Jīngwèi)。精卫的头上有花纹，长着白白的嘴、红红的爪子，住在北方的山上。她恨大海夺去了她年轻的生命，因此每天飞到西山去找一粒粒小石头、一段段小树枝，然后一直飞到东海，把石头、树枝投到大海里，想要把大海填平。

大海嘲笑她："小鸟，你别白费力气了! 再过一百万年，你也不可能把我填平!"

精卫大声地回答说："不论是一百万年，还是一千万年，我都要把你填平!"

"你为什么这么恨我?"

"因为你让我失去了年轻的生命，将来你还会让更多的人失去生命。"

"那么你就继续干吧，干吧！"大海哈哈大笑。

精卫喊着："总有一天我会把你填成平地！"

她在高高的天空飞着，离开大海，又飞回西山去，再把西山上的石头和树枝投到大海。她就这样每天工作，从来不休息，一直工作着……

精卫填海 Jīngwèi-tiánhǎi

It was said that Jingwei, the daughter of Emperor Yan, was drowned while playing in the sea. Later, Jingwei threw branches and stones into the sea every day to fill the sea. It is often used to describe someone who is determined.

本级词

划船 huá chuán | to row

突然 tūrán | suddenly

生命 shēngmìng | life

因此 yīncǐ | therefore

每 měi | every, each

石头 shítou | stone

白 bái | in vain

费 fèi | to waste

不论 búlùn | no matter

将来 jiānglái | future

继续 jìxù | to continue

哈哈 hāhā | haw-haw (to laugh loudly)

超纲词

刮（风）guā | to blow

沉 chén | to sink

花纹 huāwén | marking

爪子 zhuǎzi | claw, paw

恨 hèn | to hate

粒 lì | quantifier (for grainlike things)

树枝 shùzhī | branch

投 tóu | to cast, to throw

填 tián | to fill

嘲笑 cháoxiào | to laugh at

力气 lìqi | strength

练 习

一、根据文章判断正误。

Tell right or wrong according to the article.

（　　　）1. <u>女娃</u>住在<u>东海</u>，她是<u>炎帝</u>的女儿。

（　　　）2. <u>女娃</u>死后变成了一只小鸟。

（　　　）3. <u>精卫</u>的嘴是红色的。

（　　　）4. <u>精卫</u>每天都去<u>西山</u>玩。

（　　　）5. 大海不相信<u>精卫</u>能把它填平。

二、根据例子填空。

Fill in the blanks according to the examples.

白白的嘴　　　红红的爪子

_____的头发　　　　　_____的苹果　　　　　_____的天空

三、根据文章回答问题。

Answer the questions below according to the article.

1. 女娃是谁?

_____

2. 女娃是怎么死的?

_____

3. 精卫长什么样?

_____

4. 精卫每天去西山、东海做什么?

_____

5. 大海为什么嘲笑精卫?

_____

5 望梅止渴

曹操 非常聪明，他总是能很快找到解决各种问题的方法。

有一年夏天，曹操带着士兵们赶路。天气热极了，没有一点儿风。士兵们带的水早就已经喝完了，大家又累又渴，走路的速度也越来越慢。很多士兵已经走不动了。

曹操连忙叫来当地人，小声地问他："这周围能不能找到水？"当地人回答说："爬过这座山，再走很长一段路，才有一条小河。而且，天气这么热，小河里的水可能也干了。"

曹操看了看前面，想了一会儿，对那个当地人说："你什么也不要说，我来想办法。"他骑着马，赶到队伍的前面，大声说："我以前来过这里，前面不远的地方有很多梅树，那里的梅子又大又好吃。我们快点儿走，过了这座山就能吃到梅子了！"

士兵们一听说梅子，想起了梅子酸酸的味道，流出了口水，马上觉得不那么渴了。

虽然天气越来越热，但士兵们的精神状态却越来越好。过了一段时间，他们终于找到了一条小河。士兵们喝了水，休息了一会儿，又继续往前走。

这就是"望梅止渴"的故事，在这个故事中，因为梅子很酸，士兵一想到可以吃梅子，就有了口水，不觉得渴了。后来这个成语有了新的意思，当人们没有

18

办法实现自己的愿望时，就会用想象来安慰自己。比如，听说西湖的景色很美，我很想去玩儿，可是最近太忙了，去不了，所以只好在网上找几张西湖的图片，望梅止渴。

注释

望梅止渴 wàngméi-zhǐkě

Quench one's thirst by thinking of plums — console oneself with imagination.

本级词

解决 jiějué | to solve

赶 gǎn | to rush for

速度 sùdù | speed

当地 dāngdì | local

周围 zhōuwéi | around (here)

能不能 néng bu néng | can (you)

马 mǎ | horse

精神 jīngshén | mental

状态 zhuàngtài | state

实现 shíxiàn | to achieve

愿望 yuànwàng | wish

时 shí | while/when

景色 jǐngsè | view

美 měi | beautiful

只好 zhǐhǎo | to have to

超纲词

梅 méi | plum

士兵 shìbīng | soldier

队伍 duìwǔ | troops

酸 suān | acid, sour

口水 kǒushuǐ | saliva

成语 chéngyǔ | idiom

想象 xiǎngxiàng | imagination

安慰 ānwèi | to comfort

练 习

一、根据文章判断正误。

Tell right or wrong according to the article.

（　　）1. 天气很热，很多士兵走不动了。

（　　）2. 曹操走了很长时间的路，又累又渴。

（　　）3. 当地人说爬过这座山就能找到水。

（　　）4. 曹操告诉士兵他以前来过这里。

（　　）5. 士兵们吃了梅子后马上就不渴了。

二、选词填空。

Fill in the blanks with the words given below.

A. 解决　　　　B. 连忙　　　　C. 速度　　　　D. 状态　　　　E. 只好

1. 大家又累又渴，走路的＿＿＿＿也越来越慢。

2. 虽然天气越来越热，但是士兵们的＿＿＿＿越来越好。

3. 曹操非常聪明，他总是能很快找到＿＿＿＿各种问题的方法。

4. 曹操＿＿＿＿叫来当地人，小声地问他："这周围能不能找到水？"

5. 最近太忙了，去不了西湖，所以＿＿＿＿在网上找几张西湖的图片，望梅止渴。

三、根据文章回答问题。

Answer the questions below according to the article.

1. 天气很热，士兵们的状态怎么样？

_____

2. 当地人说什么地方有水？

_____

3. 曹操想到了什么办法？

_____

4. 士兵们为什么马上觉得不那么渴了？

_____

5. 你会用"望梅止渴"这个成语了吗？请试一试吧！

_____

6 世外桃源

陶渊明是中国古代著名的诗人，他在《桃花源记》里讲了这样一个故事：

有一天，一个渔夫在小溪里划着小船，看到了一片桃花林。这片桃花林长在小溪边，桃花开得很鲜艳，景色非常美丽。渔夫感到非常吃惊，他下了船，沿着溪边往前走，看到前面出现了一座山，山上有个小洞口，洞里好像有光。他继续从洞口走进去，走着走着，洞口突然变大了。渔夫好像来到了另外一个世界：一片宽广的土地，一排排整齐的房屋。人们在田里忙着，到处可以听到鸡和狗叫的声音。老人和孩子都笑着，显得非常满足。

村里人看到渔夫，都很奇怪，问他是从哪儿来的，还向他打听外面发生的事情。村里人非常热情，准备了好酒好菜，请渔夫到家里去做客。他们告诉渔夫，很多年前，他们的祖先带着家人来到了这里，后来就一直没有离开过。

渔夫在村里又住了几天，他发现这里景色美丽，人们关系友好，每个人都生活得很幸福。几天以后，渔夫决定离开，村里人说："不要把我们这个地方的情况告诉外面的人啊！"渔夫出来以后，找到了他的船，回到了原来的地方。过了一段时间，渔夫想再去桃花源，却找不到原来那条路了。

后来，人们把这个地方叫做"桃花源""世外桃源"——一个和平、美好的世界。

本级词

美丽 měilì | beautiful

光 guāng | light

另外 lìngwài | other, another

排 pái | row

整齐 zhěngqí | tidy

房屋 fángwū | house

显得 xiǎnde | to appear

满足 mǎnzú | satisfied

打听 dǎtīng | to ask about

发生 fāshēng | to happen

做客 zuòkè | to be a guest

关系 guānxì | relationship

幸福 xìngfú | happy

决定 juédìng | to decide

和平 hépíng | peaceful

美好 měihǎo | fine, good

超纲词

诗人 shīrén | poet

桃花 táohuā | peach blossom

渔夫 yúfū | fisherman

小溪 xiǎoxī | creek

林 lín | forest

鲜艳 xiānyàn | bright, vivid

吃惊 chījīng | to be startled

洞 dòng | cave

宽广 kuānguǎng | broad

土地 tǔdì | land

祖先 zǔxiān | ancestor

练 习

一、根据文章判断正误。

Tell right or wrong according to the article.

（　　　）1. 很多年前，渔夫带着家人来过桃花源。

（　　　）2. 村里人看到渔夫后，都很不高兴。

（　　　）3. 村里人不了解外面的世界。

（　　　）4. 桃花源里的人生活得很快乐。

（　　　）5. 渔夫在桃花源里住了好几年。

二、选词填空。

Fill in the blanks with the words given below.

A. 发生　　　　B. 另外　　　　C. 做客　　　　D. 满足　　　　E. 决定

1. 村里人请他到自己家里去_____。

2. 渔夫从洞口走进去，好像来到了_____一个世界。

3. 几天以后，渔夫_____离开桃花源。

4. 村里人向渔夫打听外面_____的事情。

5. 老人和孩子都笑着，显得非常_____。

三、根据文章回答问题。

Answer the questions below according to the article.

1. 渔夫是怎么发现桃花源这个地方的？

_____

2. 村里人看到渔夫以后，做了什么？

_____

3. 渔夫觉得桃花源是一个什么样的地方？

_____

4. 渔夫后来找到桃花源了吗？

_____

5. 你觉得世界上有"桃花源"这样的地方吗？为什么？

_____

7 "女""子"就是"好"吗？

　　"好"是大家都很熟悉的一个汉字，这个字的左边是"女"，右边是"子"。有一种观点说，古代的中国人认为孩子越多越好，所以，"好"字由"女"和"子"两部分组成，表示女子生了孩子，就是好。在甲骨文中，"好"就是一个女人抱着孩子的形象。

女子长得美丽也是好。汉代有一首诗《陌上桑》说："秦氏有好女，自名为罗敷。"意思是说姓秦的人家里有一位美丽的女子，她的名字叫罗敷。

后来，一切美好的事物都可以称为好，比如花开得正好，月亮正圆，这美丽的景色代表了美好的生活。所以，人们常常用"花好月圆"这个词语祝新郎、新娘永远幸福、美满。

美好的东西总是让人喜欢，所以"好"又可以表示爱好、喜欢，不过它的读音是"hào"。古代有一个姓叶的人很喜欢龙，他的衣服上有龙，酒杯上有龙，房子里到处都画着龙。天上的真龙听说后，就来到了他家。这个姓叶的人一见到真龙，害怕极了，马上就跑了。这样看来，他不是真的喜欢龙，只是喜欢那些看起来像龙的东西。这个故事叫做"叶公好龙"。有些人表面看起来很喜欢某种事物，实际上并不是真的喜欢，后来人们就用"叶公好龙"来说这种情况。

本级词

由 yóu | by	龙 lóng | dragon
女子 nǚzǐ | female	害怕 hàipà | to fear, to be afraid
形象 xíngxiàng | image	……极了 ... jíle | very, extremely
一切 yíqiè | all, every (thing)	只是 zhǐshì | just, only
称为 chēngwéi | to call, to be known as	表面 biǎomiàn | seemingly
代表 dàibiǎo | to represent	某 mǒu | certain
祝 zhù | to wish	实际上 shíjìshàng | actually

超纲词

熟悉 shúxi | familiar

甲骨文 Jiǎgǔwén | Oracle

抱 bào | to hug

首 shǒu | quantifier (for songs or poems)

诗 shī | poem

事物 shìwù | thing

圆 yuán | round

新郎 xīnláng | bridegroom

新娘 xīnniáng | bride

美满 měimǎn | happy, perfectly satisfactory

注释

甲骨文　Jiǎgǔwén

The oracle bone script refers to the characters carved on tortoise shells and animal bones of Shang Dynasty, and is one of the oldest written symbols in the world.

练 习

一、根据文章判断正误。

Tell right or wrong according to the article.

(　　　) 1. 古代的中国人喜欢家里有很多孩子。

(　　　) 2. 汉字"好"有美丽、美好的意思。

(　　　) 3. 朋友结婚时，我可以对他说："祝你们花好月圆，永远幸福。"

(　　　) 4. "叶公好龙"这个词语中，"好"的读音是"hǎo"。

(　　　) 5. 这个姓叶的人真的很喜欢龙。

二、选词填空。

Fill in the blanks with the words given below.

A. 一切　　　　B. 实际上　　　　C. 只是　　　　D. 害怕　　　　E. 形象

1. 他不是真的喜欢龙，_____喜欢那些看起来像龙的东西。

2. 在甲骨文中，"好"就是一个女人抱着孩子的_____。

3. 有些人看起来很喜欢某种事物，_____并不是真正的喜欢。

4. _____美好的事物都可以称为好。

5. 他一见到真龙，_____极了，马上就跑了。

三、根据文章回答问题。

Answer the questions below according to the article.

1. "好"字左边的"女"和右边的"子"是什么意思？

_____

2. 在甲骨文中，"好"的形象是什么样的？

_____

3. 为什么"花好月圆"这个词可以用来祝福新郎和新娘？

_____

4. "叶公好龙"的故事内容是什么？

_____

5. 文章中"好"有哪几种意思？

_____

8 吉祥 的 羊

　　在古代中国人眼里，羊这种动物象征着吉祥，是美好的事物。汉字"羊"，在甲骨文中是"𐤀"，在金文中是"𐤁"。在古代汉语中，"羊"就是"祥"，"吉羊"也就是"吉祥"，汉字中的"祥""善""美""鲜"等这些美好的字，都是由"羊"组成的。

　　中华民族是热爱美食的民族，据说，美的概念最早是从美食中来的。因为羊肉好吃，就有了美的意思。也有的专家认为，"美"下面的"大"，表示一个站着的人，"美"表示一个人头上戴着羽毛，站着准备跳舞——这当然是美丽的。

　　"鲜"是什么呢？有一种解释说，中国的东南地区离海比较近，海边的人们认为鱼的味道最美。中国西北地区羊比较多，人们认为羊的味道最好，所以就用"鱼"和"羊"这两种最美味的东西来代表所有的美食。"鲜"也就是美味的意思。

　　汉字中有"羊"部，"羊"组成了许多的汉字："群""差""着""养"等等，这正好证明了羊在中国历史上曾经多么受欢迎。三千多年前的《诗经》中说，"日之夕矣，羊牛下来"，太阳下山了，一群群羊和牛下山回家。看起来，古代的普通老百姓在日常生活中离不开羊。

到了今天，人们对羊又是什么态度呢？

曾经有媒体报道了一个有趣的新闻：新加坡有一位老人养了一只小羊，老人很爱它，对它就像对自己的孩子一样。慢慢地，这只小羊的习惯也变得跟人一样了。每天早上，小羊要吃各种零食，喝牛奶。中午和晚上，要吃鱼、肉，还有米饭。平时还要喝咖啡或者茶。晚上睡觉必须开着灯……

当然，这样的例子在生活中比较少。不过，我们观察一下当代生活，就会发现老百姓还是少不了羊。

羊肉是中国美食的代表，中国很多地方都有"羊肉节"，上海、江苏、安徽的"羊肉节"已经成为省级非物质文化遗产。中国的少数民族每年都会举办跟"羊"有关的体育活动，比如"斗羊""叼羊"等。现代的剪纸艺术中也有很多羊的形象。剪纸作品《羊头》《百羊图》都象征着吉祥和幸福。

本级词

羊 yáng | sheep

民族 mínzú | nationality

热爱 rè'ài | to love heartily

美食 měishí | delicacy, fine food

据说 jùshuō | it is said that ...

概念 gàiniàn | concept

专家 zhuānjiā | expert, specialist

下面 xiàmiàn | below

跳舞 tiàowǔ | to dance

地区 dìqū | area

比较 bǐjiào | comparatively

所有 suǒyǒu | all

部 bù | radical

群 qún | group

证明 zhèngmíng | to prove

曾经 céngjīng | once

受 shòu | to receive

牛 niú | cattle

下来 xiàlái | to come down

老百姓 lǎobǎixìng | common people

日常 rìcháng | daily

媒体 méitǐ | media

报道 bàodào | to report

咖啡 kāfēi | coffee

观察 guānchá | to observe

代表 dàibiǎo | representative

举办 jǔbàn | to hold

现代 xiàndài | modern

作品 zuòpǐn | works

超纲词

吉祥 jíxiáng | auspicious

象征 xiàngzhēng | to symbolize

善 shàn | good

鲜 xiān | fresh

戴 dài | to wear

美味 měiwèi | delicious, tasty

历史 lìshǐ | history

有趣 yǒuqù | interesting

注释

金文 Jīnwén

Jinwen, a kind of ancient Chinese characters, is usually engraved on bronze objects.

《诗经》 Shījīng

The Book of Songs, with a total of 311 ancient poems, is the earliest collection of poetry in ancient China.

非物质文化遗产 Fēiwùzhì Wénhuà Yíchǎn

Intangible Cultural Heritage

斗羊 dòu yáng

Fights between rams, a kind of entertainment.

叼羊 diāo yáng

A folk sport event. The contestants ride their horses to snatch the sheep from the ground, and the first person to run to the finish line wins.

剪纸 jiǎnzhǐ

Chinese paper-cut

练 习

一、根据文章判断正误。

Tell right or wrong according to the article.

（　　）1. "美"下面的"大"，表示大大的羊头。

（　　）2. 汉字中的"祥""善""美""鲜"都有美好的意思。

（　　）3. "群""差""着""养"等等这些字都是由"羊"部组成的。

（　　）4. 三千多年前，中国的老百姓已经开始养羊了。

（　　）5. 现代社会，人们的生活中已经没有羊了。

二、选词填空。

Fill in the blanks with the words given below.

A. 报道　　　　B. 热爱　　　　C. 概念　　　　D. 证明　　　　E. 比较

1. 中国西北地区羊＿＿＿＿＿＿＿多，人们认为羊的味道最好。

2. 曾经有媒体＿＿＿＿＿＿＿了一个有趣的新闻。

3. 中国人是＿＿＿＿＿＿＿美食的民族。

4. 美的＿＿＿＿＿＿＿最早应该是从美食中来的。

5. 那么多的汉字＿＿＿＿＿＿＿了羊在中国历史上曾经多么受欢迎。

三、根据文章回答问题。

Answer the questions below according to the article.

1. 你学过的汉字中，有哪些字是由"羊"部构成的？请写出至少五个汉字。

2. 关于"美"的意思，你是怎么理解的？

3. 为什么"鲜"有美味的意思？

4. 新闻中的小羊有什么样的饮食习惯？

5. 请介绍一下你见过的中国剪纸作品，并谈谈你的感受。

羊肉串

馕包肉

过油肉拌面

抓饭

9 为什么叫 "筷子"？

　　世界上有很多种进餐方式，比如用刀和叉子吃饭，用手抓饭，用筷子吃饭……很难说哪一种进餐方式是最好的，重要的是，你是不是习惯这种进餐方式。

　　三千多年以前，中国人已经用筷子吃饭了，所以中国人觉得和刀、叉子比起来，使用筷子进餐确实更加方便。比如，意大利人和中国人都喜欢吃面条，可意大利面是干的，没有热汤面。这是因为意大利人用叉子吃面，得把面条卷在叉子上，小心地放到嘴里。如果弄一大碗热汤，吃起来就会很麻烦，可能会把汤弄得到处都是，而用筷子就没有这样的麻烦。

古代的人发现了火以后，会用火把食物烤熟。而烤过的东西太烫，不能用手抓，有人就想了一个聪明的办法——用细细的树枝夹着吃，后来就有了筷子。筷子原来叫"箸"，上面是"竹"，因为筷子大多数是用竹子、木头做的。

直到今天，日语中筷子仍然写成"箸"，而在汉语中"箸"变成了"筷"。这是为什么呢？据说，这跟中国渔民的习俗有关。"箸"和"住"发音相近，而"住"有停止的意思。渔民开船时最怕船停止不前，听到"住"就紧张，所以很不喜欢"箸"的发音。他们就把"箸"叫做"筷"，"筷"和"快"读音相同，希望船能跑得快一点儿。

从"箸"到"筷"，改变的不仅是读音，还有进餐的速度。现在人们的生活压力变大了，吃饭的速度也快起来了。

本级词

方式 fāngshì | way	直到 zhídào | until
刀 dāo | knife	停止 tíngzhǐ | to stop
确实 quèshí | indeed	紧张 jǐnzhāng | to be nervous
更加 gèngjiā | more	希望 xīwàng | to hope
汤 tāng | soup	不仅 bùjǐn | not only
麻烦 máfan | troublesome	压力 yālì | pressure
火 huǒ | fire	

超纲词

进餐 jìncān | to have a meal, to dine	夹 jiā | to clip
叉子 chāzi | fork	箸 zhù | chopsticks
卷 juǎn | to roll up	竹子 zhúzi | bamboo
烤 kǎo | to roast	日语 Rìyǔ | Japanese
烫 tàng | hot	渔民 yúmín | fisherman
细 xì | thin	习俗 xísú | custom

练 习

一、根据文章判断正误。

Tell right or wrong according to the article.

( ) 1. 意大利人不喜欢用叉子吃面条。

( ) 2. "箸"上面是"竹"，是因为筷子都是用竹子做的。

( ) 3. 今天，日语中筷子仍然写成"箸"。

( ) 4. 渔民不喜欢"箸"的读音，就把"箸"叫做"筷"。

( ) 5. 现在，人们的进餐速度变快了。

二、选词填空。

Fill in the blanks with the words given below.

A. 方式　　　　B. 希望　　　　C. 不仅　　　　D. 确实　　　　E. 据说

1. 世界上有很多种进餐_____。

2. 有时候使用筷子进餐_____更加方便。

3. 汉语中"箸"变成了"筷"，_____跟渔民的习俗有关。

4. 渔民们都_____船能跑得快一点儿。

5. 从"箸"到"筷"，改变的_____是读音，还有进餐的速度。

三、根据文章回答问题。

Answer the questions below according to the article.

1. 你知道有哪几种进餐方式?

_____

2. 筷子是怎么发明的?

_____

3. 渔民为什么不喜欢"箸"?

_____

4. 从"箸"到"筷",发生了什么变化?

_____

5. 你最喜欢哪种进餐方式? 为什么?

_____

10 千里送
鹅毛

　　中国人特别重视感情，在日常交往中，人们常常会互相赠送礼物。人们都非
常熟悉"千里送鹅毛，礼轻情意重"这句话。那么，你知道这句话是怎么来的吗？
　　唐朝时，回纥国为了表达对唐朝的友好，派缅伯高带了一些珍贵的礼物去送
给唐朝皇帝。在这些礼物中，有一只天鹅，全身的毛像雪一样白，非常漂亮。
　　回纥国离唐朝长安非常远，有几千公里，缅伯高每天都小心地照顾天鹅。有
一天，他经过一条小河，天鹅张着嘴，看起来又累又渴。于是，缅伯高决定让天
鹅从笼子里出来喝点水，再洗一下身上的毛。他打开笼子，把天鹅带到水边。天

鹅喝了水后，突然一拍翅膀，飞上了天！缅伯高没有抓住天鹅，只捡到了几根鹅毛。他手里拿着这几根鹅毛，不知道怎么办才好。想来想去，他拿出一块白色的布，小心地把鹅毛包好，又在上面写了一首诗，说明了事情的经过，诗中说："礼轻情义重，千里送鹅毛。"

不久，缅伯高就到了长安，见到了唐朝皇帝，献上了鹅毛和诗。皇帝不但没有生气，还称赞他很诚实。

后来，"千里送鹅毛，礼轻情义重"的故事开始流传，意思是说，虽然从很远的地方带来的礼物不贵，却有很深的感情。

注释

千里送鹅毛，礼轻情意重 qiānlǐ sòng émáo, lǐ qīng qíngyì zhòng
Swan feathers sent from thousands miles away. Although the gift is small, the affection is deep.

本级词

毛 máo | feather

感情 gǎnqíng | emotion, feeling

交往 jiāowǎng | to contact (with)

互相 hùxiāng | each other

为了 wèile | in order to

表达 biǎodá | to express

派 pài | to send

张 zhāng | to open

拍 pāi | to flap

抓住 zhuāzhù | to catch

布 bù | cloth

深 shēn | deep

超纲词

赠送 zèngsòng | to give (as a present)

珍贵 zhēnguì | precious

皇帝 huángdì | emperor

天鹅 tiān'é | swan

于是 yúshì | so, then, consequently

笼子 lóngzi | cage

翅膀 chìbǎng | wing

捡 jiǎn | to pick up

献 xiàn | to present

称赞 chēngzàn | to praise

诚实 chéngshí | honest

流传 liúchuán | to spread

练 习

一、根据文章判断正误。

Tell right or wrong according to the article.

（　　）1. 天鹅是<u>缅伯高</u>送给<u>回纥国</u>的礼物。

（　　）2. 天鹅看起来又累又渴，<u>缅伯高</u>决定让天鹅飞走。

（　　）3. 天鹅飞走了，<u>缅伯高</u>不知道怎么办才好，就回去了。

（　　）4. <u>唐朝</u>皇帝没有收到礼物，非常生气。

（　　）5. 从这个故事中可以知道，<u>中国</u>人认为礼物越贵越好。

二、选词填空。

Fill in the blanks with the words given below.

A. 互相　　　　B. 感情　　　　C. 表达　　　　D. 派　　　　E. 抓住

1. <u>中国</u>人特别重视_____。

2. 在日常交往中，人们常常会_____赠送礼物。

3. 他没有_____天鹅，看着天鹅飞走了。

4. <u>回纥国</u>_____<u>缅伯高</u>带了一些珍贵的礼物去见<u>唐朝</u>皇帝。

5. 礼物虽然不贵，但是_____的感情很深。

三、根据文章回答问题。

Answer the questions below according to the article.

1. 缅伯高为什么要去见唐朝皇帝？他带了什么礼物？

_____

2. 天鹅怎么会飞走？

_____

3. 天鹅飞走以后，缅伯高做了什么？

_____

4. 唐朝皇帝生气了吗？

_____

5. 什么时候可以说"千里送鹅毛，礼轻情义重"这句话？请举例说明。

_____

11 买 "东西" 还是
买 "南北" ？

　　"买东西" 是我们生活中很常见的事，最近十年来，由于互联网的普及，买东西变得更加方便了。人们只需要坐在家里，通过一部手机，一台电脑，动动手指，就可以在网上买到各种商品。但是很少有人知道，为什么我们说买 "东西"，而不说买 "南北" 呢？ 古代的哲学家朱熹（Zhū Xī）也曾经问过这样的问题。

　　有一天，朱熹在路上碰到了好朋友盛温和（Shèng Wēnhé），盛温和提着篮子，看起来很匆忙。朱熹问他："你这么着急要去做什么？"盛温和回答说："明天我家要请客，得提前做些准备，我要去市场买点东西。"

　　朱熹马上问："你说买 '东西'，为什么不说买 '南北' 呢？"盛温和反问说："你知道五行吗？"朱熹回答："当然知道，五行就是金、木、水、火、土啊。"

盛温和笑着说："按照五行的说法，东方属木，西方属金，南方属火，北方属水。我的篮子能装金和木，但装不了水和火，也不会用来装土，所以要说买'东西'，而不说买'南北'！"

朱熹听了以后，点点头，说："我明白了！篮子里只能装'东西'，那我也要去买东西。"

后来，"买东西"这个词语就传到了现在。

不过，也有人说，买"东西"这个词语最早出现在汉代，当时有东京（洛阳）、西京（长安）两个城市，这两个城市的商品非常丰富，基本可以满足人们的生活需要。人们有时候到东京买商品，叫"买东"；有时候到西京买商品，叫"买西"。渐渐地，人们就把商品叫做"东西"了。

你觉得哪种说法更合理呢？

本级词

由于 yóuyú | because, due to

互联网 hùliánwǎng | internet

普及 pǔjí | to be universalized in

需要 xūyào | to need

部 bù | quantifier (used for books, films, etc.)

手指 shǒuzhǐ | finger

商品 shāngpǐn | commodity, goods

提前 tíqián | in advance

市场 shìchǎng | market

金 jīn | metal

木 mù | wood

土 tǔ | earth

属 shǔ | to belong to

传 chuán | to hand down

城市 chéngshì | city

丰富 fēngfù | plentiful

基本 jīběn | basically

合理 hélǐ | reasonable

超纲词

篮子 lánzi | basket

反问 fǎnwèn | to ask in reply

渐渐 jiànjiàn | gradually

说法 shuōfǎ | statement

五行 *wǔxíng*

The five elements are metal, wood, water, fire and earth. The ancient Chinese believed that these five elements constituted the whole world and used them in traditional Chinese medicine.

练 习

一、根据文章判断正误。

Tell right or wrong according to the article.

（　　　）1. 朱熹是中国古代的哲学家。

（　　　）2. 盛温和要去市场买金和木。

（　　　）3. 篮子能装金、木、水和火，但不能装土。

（　　　）4. "买东西"这个词语和五行的说法有关系。

（　　　）5. 汉代人把商品也叫做"东西"。

二、选词填空。

Fill in the blanks with the words given below.

A. 城市　　　B. 丰富　　　C. 市场　　　D. 普及　　　E. 传

1. 由于互联网的_____，买东西变得更加方便了。

2. 这里的商品非常_____，可以基本满足人们的生活需要。

3. 汉代有两个有名的_____：东京（洛阳）、西京（长安）。

4. 后来，"买东西"这个词语就_____到了现在。

5. 明天我家要请客，我要去_____买点东西。

三、根据文章回答问题。

Answer the questions below according to the article.

1. 五行是什么?

_____

2. 汉代时,"买东""买西"是什么意思?

_____

3. 按照五行的说法,为什么要说买"东西"?

_____

4. 你知道洛阳和长安吗?可以在网上查一查。

_____

5. 你还听说过朱熹的其他故事吗?请分享一下。

_____

12 今天你被"亲"了吗?

　　我们在网上买东西时,最常听到的一个词大概就是"亲"了。比如:"亲,您要不要再看看其他的商品?""亲,这是最低价格了哦!""好的,亲。""亲,您对我们的服务满意吗?"……听起来特别亲切。除了网上购物,在日常生活中,我们也经常会被"亲"一下。考试结束,大学发出短信:"亲,祝贺你哦,你被我们学校录取了。"小学生给老师写信:"亲,您的课是我的最爱哦。"

　　"亲"就是"亲爱的",这是一种新的语言形式。不过,相比"亲爱的","亲"显得更亲切、更可爱,因此更受人们的喜欢。"亲"也已经成为日常生活中非常流行的网络词语。

在互联网时代，类似"亲"这样的网络语言在人们的生活中变得越来越普遍。"把你在生活中的一切展示给别人"叫"晒"，"喜欢呆在家里"叫"宅"，"给人帮助、支持"叫"给力"……

网络语言还常常通过数字、字母、符号、图片和文字等多种组合表达特别的意义。可以用数字，例如"520"表示"我爱你"的意思，"7饭"就是"吃饭"，"0837"表示"你别生气"；可以用字母，比如"GG"表示"哥哥"，"MM"代表"妹妹"，"nsdd"表示"你说得对"，"打call"表示"支持"；还可以用符号，比如用":-D"表示"开心"，":-("表示"不高兴"，"≥◇≤"表示"感动"。最有意思的是汉字"囧"，原来的意思是"光明"。因为这个字的形状很特别，"八"像眼睛，"口"像嘴，就有了"不知道怎么办""尴尬"等意思。

网络语言从网络中产生，在年轻人中非常流行。在互联网普及的今天，这些语言也被越来越多的人接受、认可、使用，一些词语已经正式进入了词典，丰富了汉语的词汇。

本级词

亲 qīn | dear	普遍 pǔbiàn | universal, common
价格 jiàgé | price	文字 wénzì | character
亲切 qīnqiè | close, intimate	组合 zǔhé | combination
被 bèi | by	意义 yìyì | meaning
结束 jiéshù | to finish	支持 zhīchí | to support
发出 fāchū | to send out	光明 guāngmíng | bright
形式 xíngshì | form	形状 xíngzhuàng | shape
相比 xiāngbǐ | to compare with	产生 chǎnshēng | to produce, to emerge
时代 shídài | era	认可 rènkě | to approve
类似 lèisì | to be similar to	正式 zhèngshì | formally

超纲词

哦 ò | oh

祝贺 zhùhè | to congratulate

录取 lùqǔ | to accept, to enroll

亲爱的 qīn'ài de | dear

网络 wǎngluò | network

展示 zhǎnshì | to exhibit, to show

晒 shài | to show

呆 dāi | to stay

宅 zhái | indoorsy

给力 gěilì | to give support; supportive

字母 zìmǔ | letter, character

符号 fúhào | symbol

囧 jiǒng | (to be) embarrassed

尴尬 gāngà | (to be) embarrassed

练 习

一、根据文章判断正误。

Tell right or wrong according to the article.

（　　　）1. 当我们在网上买东西时，常常听到"亲"这个词。

（　　　）2. "亲"和"亲爱的"意思不一样。

（　　　）3. "0837"表示"你别吃饭"。

（　　　）4. "打call"表示"支持"。

（　　　）5. 除了年轻人，没有人喜欢使用网络语言。

二、选词填空。

Fill in the blanks with the words given below.

A. 意义　　　　B. 产生　　　　C. 正式　　　　D. 时代　　　　E. 形状

1. 在互联网_____，网络语言在人们的生活中变得越来越普遍。

2. 网络语言还常常通过多种组合表达特别的_____。

3. "囧"这个字的_____很特别，"八"像眼睛，"口"像嘴。

4. 网络语言从网络中_____，在年轻人中非常流行。

5. 一些网络词语已经_____进入了词典。

三、根据文章回答问题。

Answer the questions below according to the article.

1. 为什么"亲"更受人们的喜欢？

_____

2. 网络词语常常通过什么方法表达特别的意义？

_____

3. 你在网上晒过自己的生活吗？

_____

4. "囧"为什么有"尴尬"的意思？

_____

5. 请你猜一猜，网络语言中的"530""920"是什么意思？

_____

13 中国的
情人节

　　中国古代有一个非常有名的民间故事，叫做《牛郎织女》。

　　传说织女是天上王母的孙女，她不仅有聪明的头脑，还有一双灵巧的手，能织出漂亮的云彩。牛郎从小没有父母，家里只有一头牛，所以大家都叫他牛郎。后来，牛郎认识了织女，他们互相爱上了对方，两人结了婚，还生了两个可爱的孩子，过上了幸福的生活。王母知道后，非常生气，就把织女带回了天上。牛郎带着他们的孩子，一直追到了天上。王母用头上的金钗在天上划了一下，牛郎和织女的面前立刻出现了一条河，这条河就是银河。银河把织女和牛郎分开了，一个在河的东边，一个在河的西边，他们只能远远地互相看着对方，伤心地哭。后来，王母终于同意他们在每年农历七月七日那天见面。牛郎、织女的爱情感动了喜鹊，到了那一天，许许多多喜鹊飞到一起，在银河上变成一座长长的鹊桥，让他们在鹊桥上见面。

汉代有一首诗——《迢迢牵牛星》，讲了牛郎、织女的故事：

迢迢牵牛星，皎皎河汉女。

纤纤擢素手，札札弄机杼。

终日不成章，泣涕零如雨。

河汉清且浅，相去复几许？

盈盈一水间，脉脉不得语。

诗人说，银河两岸有牵牛星和织女星，互相离得那么远。织女每天忙着织布，可是织了很多天也没有织成一块布。她很想自己的家人，一想起他们，眼泪就像雨一样流下来。银河看起来又清又浅，可是银河的两岸离得那么远，牛郎和织女只能互相看着对方，根本没有办法交流。

《牛郎织女》这个美丽的传说一直流传到现在，人们把每年农历七月七日称为"七夕"（Qīxī），有人说七夕是中国的情人节。据说，七夕晚上牛郎、织女见面时，如果你在葡萄架下，还能听到他们说话的声音呢！

本级词

民间 mínjiān | folk

头脑 tóunǎo | mind

对方 duìfāng | the other side

结婚 jiéhūn | to marry

追 zhuī | to chase

立刻 lìkè | immediately

伤心 shāngxīn | sadly

同意 tóngyì | to agree

根本 gēnběn | at all

交流 jiāoliú | to communicate

架 jià | shelf

超纲词

情人节 Qíngrén Jié | Valentine's Day

孙女 sūnnǚ | granddaughter

灵巧 língqiǎo | skillful

织 zhī | to weave

云彩 yúncǎi | cloud

金钗 jīnchāi | golden hairpin

农历 nónglì | Lunar calendar

喜鹊 xǐquè | magpie

浅 qiǎn | shallow

眼泪 yǎnlèi | tear

葡萄 pútao | grape

注释

迢迢牵牛星，皎皎河汉女。 Tiáotiáo Qiānniúxīng, jiǎojiǎo héhàn nǚ.
纤纤擢素手，札札弄机杼。 Xiānxiān zhuó sùshǒu, zházhá nòng jīzhù.
终日不成章，泣涕零如雨。 Zhōngrì bù chéng zhāng, qìtì líng rú yǔ.
河汉清且浅，相去复几许？ Hé hàn qīng qiě qiǎn, xiāng qù fù jǐ xǔ?
盈盈一水间，脉脉不得语。 Yíngyíng yì shuǐ jiàn, mòmò bù dé yǔ.

Far, far, so dim looms Altair;

Bright, bright glitters Vega fair.

Slim, slim, her hands pull out her sleeves;

Click, click, on the loom she weaves.

She can't work one roll a day;

Like rain, her tears drop away.

The Silver River shines clear;

How far the two stars appear?

Full, full, a gulf runs between;

Lorn, lorn, they'd say what they mean.

— Translated by Zhao Yanchun

练 习

一、根据文章判断正误。

Tell right or wrong according to the article.

（　　　）1. 织女是王母的女儿，她非常聪明。

（　　　）2. 王母非常生气，就把织女和她的孩子带回到了天上。

（　　　）3. 后来，王母终于同意织女和牛郎永远在一起。

（　　　）4. 每到七夕那天，喜鹊们就会飞到一起，变成一座鹊桥。

（　　　）5. 牵牛星和织女星是天上的星星。

二、选词填空。

Fill in the blanks with the words given below.

A. 追   B. 同意   C. 结婚   D. 对方   E. 立刻

1. 银河把织女和牛郎分开了，他们只能远远地互相看着＿＿＿＿＿，伤心地哭。

2. 牛郎和织女的面前＿＿＿＿＿＿出现了一条河。

3. 王母终于＿＿＿＿＿＿他们在每年农历七月七日那天见面。

4. 牛郎带着他们的孩子，一直＿＿＿＿＿＿到了天上。

5. 他们互相爱上了对方，两人＿＿＿＿＿＿了。

三、根据文章回答问题。

Answer the questions below according to the article.

1. 织女是谁?

＿＿＿＿＿＿＿＿＿＿＿＿＿＿＿＿＿＿＿＿＿＿＿＿＿＿＿

2. 牛郎和织女结婚以后的生活怎么样?

＿＿＿＿＿＿＿＿＿＿＿＿＿＿＿＿＿＿＿＿＿＿＿＿＿＿＿

3. 牛郎和织女是怎么分开的?

＿＿＿＿＿＿＿＿＿＿＿＿＿＿＿＿＿＿＿＿＿＿＿＿＿＿＿

4. 农历七月七日那天，牛郎和织女是怎么见面的?

＿＿＿＿＿＿＿＿＿＿＿＿＿＿＿＿＿＿＿＿＿＿＿＿＿＿＿

5. 为什么有人说七夕是中国的情人节?

＿＿＿＿＿＿＿＿＿＿＿＿＿＿＿＿＿＿＿＿＿＿＿＿＿＿＿

14 母亲的爱

在中国，有一首赞美母爱的诗几乎没有人不知道，那就是唐代诗人 孟郊 的《游子吟》，这首诗充满了对母亲的爱。如果你知道这首诗背后的故事，你也一定会被感动。

孟郊出生在一个贫穷的家庭，他努力学习，希望通过科举考试改变自己的命运。有一次，孟郊要离开家，前往长安参加科举考试。出发前的晚上，母亲让孟郊早点儿睡觉，然后开始为他准备行李。母亲在孟郊的包里放好路上要吃的食物，又放了一些钱。突然，她看见孟郊的衣服破了，于是坐下来，一针一针地开始缝起来。母亲一边缝，一边还自言自语："得多缝几针，才会结实。儿子啊，一个人在外面要多注意身体，早点儿回家。"

第二天早上，孟郊起来后，发现母亲一晚上没睡。看见母亲为他准备的行李、为他缝的衣服，感动得流下了眼泪。

过了很多年，孟郊仍然常常会想起母亲为自己缝衣服的样子，想到母亲的白发。他深深地感到：母亲是多么伟大啊，母亲对子女的爱就像春天的太阳一样温暖！后来，他把这种感情写在了《游子吟》这首诗中：

> 慈母手中线，游子身上衣。
>
> 临行密密缝，意恐迟迟归。
>
> 谁言寸草心，报得三春晖。

　　这首诗的前两句说，儿子就要离开<u>家乡</u>，去很远的地方了，母亲一针一针<u>仔</u><u>仔</u><u>细</u>细地缝着衣服。母亲心里很担心，不知道儿子多<u>久</u>才会回家。诗的最后两句说，孩子就像小草，母亲的爱就像春天的<u>阳光</u>那么温暖。子女怎么能<u>报答</u>伟大的母爱呢？

　　这首诗只有三十个字，却<u>早已</u>成为<u>中国</u>人表达母爱、赞美母爱的一首名诗。<u>中国</u>有很多写母爱的诗，但《游子吟》是影响最大的、流传最广的一首。

注释

科举考试　*kējǔ kǎoshì*

The imperial examination was a system of selecting officials in ancient China.

本级词

母亲 mǔqīn | mother

充满 chōngmǎn | to be full of, to be filled with

背后 bèihòu | behind, at the back

命运 mìngyùn | destiny

前往 qiánwǎng | to go to

行李 xínglǐ | luggage

破 pò | to be damaged, to be broken

结实 jiēshi | sturdy

注意 zhùyì | to lookout, to pay attention to

伟大 wěidà | great

子女 zǐnǚ | sons and daughters, children

温暖 wēnnuǎn | warm

家乡 jiāxiāng | hometown

久 jiǔ | long, for a long time

阳光 yángguāng | sunshine

早已 zǎoyǐ | already, previously

超纲词

赞美 zànměi | to praise

几乎 jīhū | almost

贫穷 pínqióng | poor

针 zhēn | needle

缝 féng | to sew

仔细 zǐxì | carefully

报答 bàodá | to repay

练 习

一、根据文章判断正误。

Tell right or wrong according to the article.

(　　) 1. 几乎每个<u>中国</u>人都知道《<u>游子吟</u>》这首诗。

(　　) 2. 为了去<u>长安</u>学习，<u>孟郊</u>要离开家乡。

(　　) 3. <u>孟郊</u>出发前，母亲给他做了一件新衣服。

(　　) 4. 母亲希望<u>孟郊</u>多注意身体，早一点儿回家。

(　　) 5.《<u>游子吟</u>》是一首很长的诗，很少有人知道。

二、选词填空。

Fill in the blanks with the words given below.

A. 充满　　　B. 伟大　　　C. 温暖　　　D. 注意　　　E. 背后

1. 如果你知道这首诗_____的故事，你也一定会被感动。

2. 母亲对孩子的爱就像春天的太阳一样_____！

3. 一个人在外面要多_____身体，早点儿回家。

4. 这首诗赞美了_____的母爱。

5.《游子吟》这首诗_____了对母亲的爱。

三、根据文章回答问题。

Answer the questions below according to the article.

1. 孟郊为什么要离开家？

_____

2. 孟郊出发前的晚上，他的母亲做了什么？

_____

3. 孟郊为什么流下了眼泪？

_____

4. 这首诗是孟郊什么时候写的？

_____

5. 你能背一背《游子吟》这首诗吗？在你的国家，有没有类似的诗？

_____

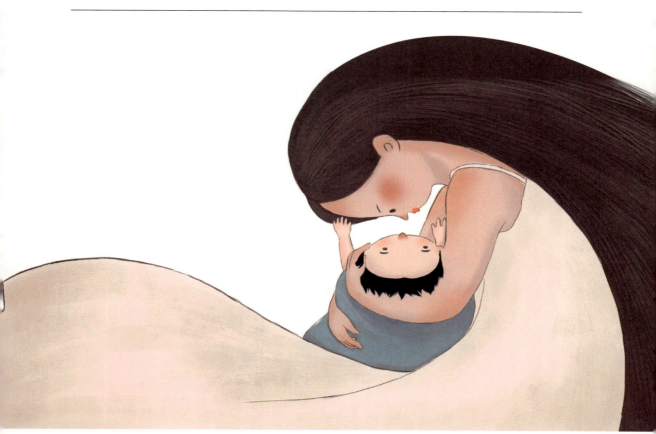

15 人面桃花

　　人们常把漂亮的女孩儿比喻成鲜艳的桃花，因此汉语中常用"人面桃花"来形容女子的美丽。"人面桃花"这个词语是怎么来的呢？它和一个美丽的故事有关系。

　　崔护^{Cuī Hù}是一位诗人，年轻时他到长安参加科举考试，可是没有成功。因为他的家离长安很远，所以就在长安住了下来，准备第二年接着考。到了第二年春天，天气暖和，崔护一个人出去玩，不知不觉走到了一座房子前。院子里的桃花开得美极了，崔护很想进去好好看看，就上前敲门。

　　敲了好久，有个年轻女孩儿出来开了门，问道："你是谁？"

　　他回答："我叫崔护。我一个人出来玩，现在又累又渴。姑娘，能不能给我一

58

杯水？"

女孩儿听了以后，就走进屋子，拿了一杯水，还搬了一把椅子，请他坐下喝水。女孩儿长得非常美，静静地站在桃花树下，简直就像一幅画一样。崔护主动和女孩儿说话，对她问这问那，可是女孩儿只是笑着不回答。

崔护告别了女孩儿，回到家中。后来，他常常会想起那位美丽的女孩儿。到了秋天，他又参加了考试，这次他终于考上了。第二年春天，桃花开了，崔护又来到了女孩儿家。桃花还是那么美，可是他敲了很长时间门，也没有人开门。仔细一看，门上挂着一把锁。崔护连忙向别人打听，才知道女孩儿早就搬家了。他的内心非常失落，就在门上写了一首诗：

去年今日此门中，人面桃花相映红。

人面不知何处去？桃花依旧笑春风。

诗中说，去年的今天，我就在这门里看到了女孩儿美丽的脸和鲜艳的桃花。今天再来到这个地方，女孩儿不知道去了哪里，只有桃花还在春风中开着。

由于这首诗的影响很大，后来人们常用"人面桃花"形容女孩儿长得美丽，也常用这个词语形容景色没有变，但所有的人和事都发生了变化，不是以前的样子了。

注释

去年今日此门中，人面桃花相映红。

Qùnián jīnrì cǐ mén zhōng, rénmiàn táohuā xiāng yìng hóng.

人面不知何处去？桃花依旧笑春风。

Rénmiàn bù zhī héchù qù? Táohuā yījiù xiào chūnfēng.

Inside this gate on this day of last year,

Her face and peach blooms flamed to each oth'r please.

No one knows where her face has gone from here;

The peach blooms still smile at the vernal breeze.

— Translated by Zhao Yanchun

本级词

成功 chénggōng | to succeed

暖和 nuǎnhuo | warm

好好 hǎohao | well

姑娘 gūniang | girl

屋子 wūzi | room

搬 bān | to move

静 jìng | silently, quietly

简直 jiǎnzhí | simply

主动 zhǔdòng | on one's own initiative

告别 gàobié | to leave, to say goodbye (to)

挂 guà | to hang

搬家 bānjiā | to move (house)

变化 biànhuà | change

超纲词

形容 xíngróng | to describe

不知不觉 bùzhī-bùjué | unconsciously

敲 qiāo | to knock

幅 fú | quantifier (used for cloth, pictures, etc.)

锁 suǒ | lock

失落 shīluò | to feel the loss

练 习

一、根据文章判断正误。

Tell right or wrong according to the article.

（　　）1. 崔护和女孩儿很早以前就认识了。

（　　）2. 女孩儿长得很美，性格很安静。

（　　）3. 崔护很想跟女孩儿说话，但是女孩儿听不见。

（　　）4. 崔护最后找到了女孩儿，并为她写了一首诗。

（　　）5. "人面桃花"这个词语可以用来形容女子的美丽。

二、选词填空。

Fill in the blanks with the words given below.

A. 变化　　　　B. 搬　　　　C. 暖和　　　　D. 主动　　　　E. 简直

1. 景色没有变，但是所有的人和事都发生了_____。

2. 女孩儿静静地站在桃花树下，_____就像一幅画一样。

3. 女孩儿_____了一把椅子，请崔护坐下喝水。

4. 到了第二年春天，天气_____，崔护一个人出去玩。

5. 崔护_____和女孩儿说话，对她问这问那。

三、根据文章回答问题。

Answer the questions below according to the article.

1. 崔护第一年到长安参加科举考试时考上了吗？

_____

2. 崔护为什么要进女孩儿家里？

_____

3. 女孩儿长得怎么样？

_____

4. 崔护第二次去找女孩儿时为什么感到失落？

_____

5. 什么时候可以用"人面桃花"这个词语？请举例说明。

_____

61

练习参考答案

1 鱼快乐吗?

 一、1. ✓   2. ✓   3. ✓   4. ×   5. ✓

 二、1. C   2. D   3. E   4. B   5. A

 三、略

2 拔苗助长

 一、1. ×   2. ✓   3. ✓   4. ×   5. ×

 二、1. E   2. C   3. B   4. A   5. D

 三、略

3 井里的青蛙

 一、1. ✓   2. ×   3. ×   4. ×   5. ✓

 二、1. D   2. B   3. E   4. C   5. A

 三、略

4 精卫填海

 一、1. ×   2. ✓   3. ×   4. ×   5. ✓

 二、长长/短短/黑黑   红红/大大   高高/蓝蓝

 三、略

5 望梅止渴

 一、1. ✓   2. ×   3. ×   4. ✓   5. ×

 二、1. C   2. D   3. A   4. B   5. E

 三、略

6 世外桃源

 一、1. ×   2. ×   3. ✓   4. ✓   5. ×

 二、1. C   2. B   3. E   4. A   5. D

 三、略

7 "女""子"就是"好"吗?

 一、1. ✓   2. ✓   3. ✓   4. ×   5. ×

 二、1. C   2. E   3. B   4. A   5. D

 三、略

8 吉祥的羊

    一、1. ×   2. √   3. √   4. √   5. ×

    二、1. E   2. A   3. B   4. C   5. D

    三、略

9 为什么叫 "筷子"?

    一、1. ×   2. ×   3. √   4. √   5. √

    二、1. A   2. D   3. E   4. B   5. C

    三、略

10 千里送鹅毛

    一、1. ×   2. ×   3. ×   4. ×   5. ×

    二、1. B   2. A   3. E   4. D   5. C

    三、略

11 买 "东西" 还是买 "南北"?

    一、1. √   2. ×   3. ×   4. √   5. √

    二、1. D   2. B   3. A   4. E   5. C

    三、略

12 今天你被 "亲" 了吗?

    一、1. √   2. ×   3. ×   4. √   5. ×

    二、1. D   2. A   3. E   4. B   5. C

    三、略

13 中国的情人节

    一、1. ×   2. ×   3. ×   4. √   5. √

    二、1. D   2. E   3. B   4. A   5. C

    三、略

14 母亲的爱

    一、1. √   2. ×   3. ×   4. √   5. ×

    二、1. E   2. C   3. D   4. B   5. A

    三、略

15 人面桃花

    一、1. ×   2. √   3. ×   4. ×   5. √

    二、1. A   2. E   3. B   4. C   5. D

    三、略

词汇表

版权声明

　　为了满足全球中文学习者的需求，我们在编写本套丛书时，对标《国际中文教育中文水平等级标准》，部分课文在已有文本的基础上稍作改动，以适应中文学习者的不同水平和阅读习惯。由于诸多客观原因，虽然我们做了多方面的努力，但仍无法与部分原作者取得联系。部分作品无法确认作者信息，故未署上作者的名字，敬请谅解。

　　国际中文的推广任重而道远，我们希望能得到相关著作权人的理解和支持。若有版权相关问题，您可与我们联系，我们将妥善处理。

编者

2023 年 10 月

图书在版编目（CIP）数据

千里送鹅毛 / 过文英编 . -- 上海：上海外语教育
出版社，2024
　（阅读中国·外教社中文分级系列读物 / 程爱民总
主编 . 三级）
　ISBN 978–7–5446–7382–2

　Ⅰ . ①千… 　Ⅱ . ①过… 　Ⅲ . ①汉语—对外汉语教学—
语言读物 　Ⅳ . ①H195.5

　中国国家版本馆CIP数据核字（2022）第186044号

出版发行：**上海外语教育出版社**
　　　　　（上海外国语大学内）　邮编：200083
电　　话：021–65425300 (总机)
电子邮箱：bookinfo@sflep.com.cn
网　　址：http://www.sflep.com
责任编辑：杨莹雪

印　　刷：常熟市华顺印刷有限公司
开　　本：787×1092　1/16　印张 5　字数 73千字
版　　次：2024 年 3 月第 1 版　　2024 年 3 月第 1 次印刷

书　　号：ISBN 978-7-5446-7382-2
定　　价：**30.00**元

　本版图书如有印装质量问题，可向本社调换
　质量服务热线：4008-213-263